DE LA

SITUATION CIVIQUE ET POLITIQUE

DES FAILLIS.

DE LA
SITUATION
CIVIQUE ET POLITIQUE
DES FAILLIS,

Et de la Nécessité de modifier la Loi du 28 mai 1838,

en ce qui concerne cette situation,

PAR CHARLES POLINO,

ANCIEN COMMIS DE BANQUE, EXPERT-COMPTABLE.

Prix : 50 centimes.

CHEZ L'AUTEUR, 23, PASSAGE SAULNIER,

ET CHEZ LES PRINCIPAUX LIBRAIRES.

—

Février 1849.

DE LA

SITUATION CIVIQUE ET POLITIQUE

DES FAILLIS.

Depuis quarante ans il y a eu dans le département de la Seine, plus de trente mille faillites. Comptons-en pour les quatre-vingt-cinq autres départements de la France, cent soixante-dix mille, nous aurons deux cent mille faillites qui représentent, ce jour, deux cent mille citoyens (1).

Ces faillis se divisent en trois classes :

1° Ceux qui ont obtenu des concordats.

2° Ceux qui ont été mis en union, avec excusabilité.

---

(1) Nous ne tenons pas compte des décès, car le nombre en est compensé par celui des faillites dans lesquelles se sont trouvés plusieurs associés, et par celui des citoyens faillis avant l'époque de laquelle nous partons et qui existent encore.

Dans les deux cent mille faillites nous ne comptons pas non plus celles qui concernent les femmes,

3° Ceux mis en union sans excusabilité ou qu
ont encouru des condamnations.

Jusqu'au 24 février 1848, tous ces faillis
étaient confondus dans une même incapacité
relativement aux droits civiques et politiques.
Il y avait en cela une grande injustice.

Le Gouvernement provisoire a commencé à
reconnaître cette injustice en accordant aux
faillis concordataires, la jouissance de leurs
droits civiques, en les appelant à nommer les
représentants du peuple pour l'Assemblée nationale. La même justice a été accordée pour
les dernières élections partielles et pour celle du
Président de la République.

Mais depuis ces premières concessions le
Gouvernement a des tendances *à priver encore*
les faillis non-réhabilités de leurs droits civiques.
En effet, nous avons vu :

1° Dans le projet de la Constitution qui a été
présenté à l'Assemblée nationale, art. 22 :

« Ne sont électeurs ni éligibles : Les faillis
» non réhabilités. »

2° Dans le projet sur la composition du jury
présenté par le Ministre de la Justice, les faillis

non réhabilités sont exclus du nombre des ci-toyens appelés à être jurés.

3° Pour les nominations des membres de la Chambre de commerce, du Tribunal de commerce et des Prud'hommes, non-seulement les faillis non réhabilités ne peuvent faire partie de ces institutions, mais encore ils ne peuvent concourir à la nomination des membres qui les composent.

L'art. 22 du projet de la Constitution a été supprimé : comme nous avons présenté des observations sur cet article, et que nous les avons fait distribuer à tous les représentants du peuple, nous avons la pensée d'avoir contribué à cette suppression. L'art. 22 est remplacé par les articles 25 et 26, qui portent : « Sont élec-» teurs et éligibles tous les Français jouissant de » leurs droits civils et politiques. »

L'art. 27 porte : « La loi électorale déterminera » les causes qui peuvent priver un citoyen fran-» çais du droit d'élire ou d'être élu. »

La loi électorale étant une des lois organiques, dont l'Assemblée nationale va s'occuper prochainement, il est important que Messieurs les représentants du Peuple soient bien éclairés sur la grave question concernant, non-seulement les faillis, concordataires et non réhabilités, mais encore tous les faillis, que des condamnations ne frappent pas. Il est d'autant plus urgent d'appeler l'attention de l'Assemblée nationale sur cet objet, que la majorité de la commission chargée de l'examen de la loi électorale conclut de nouveau à l'exclusion des droits civiques de tous les faillis sans distinction.

Il s'agit d'enlever ou de reconnaître à deux cent mille citoyens leurs droits civiques et politiques: Jamais question n'a été et ne sera plus grave.

L'exercice de ces droits sont des charges que ceux qui les exercent sans contestation, cherchent très souvent à ne pas remplir : les faillis privés de ces droits auraient moins de devoirs à remplir. Mais comme la privation de l'exercice d'un droit est toujours une flétrissure, il est du devoir de chaque citoyen de veiller à sa conservation.

La perte des droits civiques et politiques, n'a lieu que par suite de condamnations judiciaires,

La déclaration de faillite ne prive pas les citoyens de ces droits. Elle ne fait que les dessaisir de l'administration de leurs biens (Art. 443 de la loi du 28 mai 1838).

Depuis la promulgation du code civil, ni par les chartes, ni par les lois électorales, les faillis, même ceux non concordataires, n'ont été légalement privés de leurs droits civiques et politiques.

Que pendant le cours des opérations de la faillite, les faillis s'abstiennent d'user de leurs droits, et même, s'ils voulaient en user, que l'on s'y opposât, cela pourrait se concevoir.

Mais après le concordat intervenu, entre le débiteur et ses créanciers; après l'homologation de cet acte, le débiteur est relevé du dessaisissement prononcé par l'art. 443 sus-rappelé, et à cet effet, suivant l'art 519 de la susdite loi, le syndic est tenu de rendre au failli, en présence du juge-commissaire, son compte, l'universalité de ses biens, livres, papiers et effets. Les fonctions du syndic cessent aussitôt le compte rendu.

Le failli est donc, après les formalités voulues par cet art. 519, réintégré dans la plénitude de ses droits et actions quant à ses biens ? Pourquoi voudrait-on, qu'à dater de la même époque, il ne jouisse pas de ses droits civiques et politiques, desquels la loi ne l'a jamais dépouillé ? Il n'y a, certes, aucune raison pour cela.

Le failli mis en contrat d'union peut être considéré toujours comme en état de faillite pendant le cours de la réalisation de l'actif appartenant à l'union, mais lorsque les formalités voulues par l'art. 537 de la même loi du 28 mai 1838 étant remplies, l'union est dissoute, le failli se trouve dans la même position qu'avant de faillir, c'est-à-dire, tenu de payer tout ce qui serait dû encore à ses créanciers, déduction de ce qu'ils auraient reçu dans l'union : chaque créancier rentrant dans l'exercice de ses actions individuelles, sauf l'affranchissement de la contrainte par corps si l'excusabilité a été prononcée par le tribunal.

Le failli étant remis en l'état où il se trouvait avant sa faillite, état qui lui permettait de jouir de ses droits civiques et politiques et de les exercer, ne peut en être privé au moment où cet état de failli cesse : c'est une position que la loi ne fait pas à un voleur condamné à la prison.

Jusqu'au 24 février 1848, les faillis ont été, en général, privés de leurs droits civiques et po-

litiques, et par qui? par l'arbitraire des gouver-
nants : car aucune loi , depuis le Code civil,
n'appuie une pareille mesure.

Il faut sous l'empire de la Constitution de la
République française, dont le principe est : liberté, égalité, fraternité, qu'un semblable abus
cesse complétement : plus de deux cent mille
citoyens y sont intéressés. Messieurs les représentants du Peuple tiendront à ce qu'il en soit
ainsi.

Afin qu'ils soient à même de délibérer en
pleine connaissance de cause, nous croyons qu'il
est nécessaire de nous expliquer sur les faillites.

La faillite est mal comprise par tous ceux qui
n'ont jamais été dans les affaires commerciales et
industrielles. Ils ignorent que des personnes, les
plus honorables, les plus économes et avec tout
l'ordre possible, sont obligées d'y avoir recours.
Aussi, nous affirmons que toutes celles qui font
des affaires au-delà de leurs propres moyens,
qui font des crédits (il n'y a pas de commerce un
peu étendu sans crédit) ne peuvent *pas affirmer*
qu'elles ne seront pas obligées de faillir.

La loi a prévu qu'il pouvait y avoir des commerçants malheureux : c'est pourquoi elle a été

faite. Elle protége à la fois le débiteur et les intérêts de la masse des créanciers, contre les exigences partielles de quelques-uns d'entre eux.

D'après l'ordonnance de 1673 et autres, rendues sous les règnes de Louis XIV et Louis XV, les banqueroutiers étaient même condamnés à mort et les complices aux galères à perpétuité.

Ces peines étaient appliquées aux banqueroutiers frauduleux ; sous nos lois actuelles, elles sont réduites aux travaux forcés à temps.

Il faut bien distinguer dans les faillites celles qui ne sont que de simples faillites de celles qui se changent en banqueroutes frauduleuses.

Dans le chapitre des premières, il faut nécessairement comprendre les faillis concordataires et ceux qui n'ont obtenu qu'un jugement d'excusabilité, et contre lesquels il n'est intervenu aucune condamnation judiciaire.

Ces faillites peuvent très bien être qualifiées ainsi que porte une ordonnance très ancienne du mois de janvier 1629, art. 144 ainsi conçu :

« Déclarons que ceux lesquels, non par leur
» faute et débauche, mais par malheur ou incon
» vénient, seront tombés en pauvreté et auront

» été contraints à cette cause de faire cession de
» biens, n'auront pas pour cela *infamie ni aucune*
» *marque.* »

Malgré cette différence faite anciennement,
entre la banqueroute frauduleuse et la simple
faillite, il n'est pas moins vrai que l'on conserve
encore de nos jours un sentiment de réprobation
contre tous ceux qui n'ont pas été heureux en affaires, et qui ont été obligés de se mettre en faillite.

Celui qui perd n'est pas content, mais cela ne
lui donne pas le droit d'être injuste. Très souvent dans l'opinion du créancier, le débiteur qui
était la veille le plus parfait honnête homme,
devient le lendemain, à ses yeux, un fripon, par
ce seul fait, que le débiteur aura été obligé de
suspendre ses paiements.

Ce sont ces opinions injustes qui entretiennent
la répulsion contre quiconque a failli, et on ne
se donne pas la peine de distinguer l'homme
honnête et malheureux, du fripon.

Oui, il y a des fripons qui spéculent sur la
faillite, ou bien qui font des entreprises qui ne
reposent que sur des hasards : s'il y a chance de
gain ils en profitent, s'il y a perte, ce sont leurs

créanciers qui la supportent. Des faillis de ce genre *ne doivent pas obtenir de concordat de leurs créanciers*, et s'ils en obtiennent, le tribunal ne devrait pas les homologuer. Les motifs de non homologation devraient être envoyés au procureur de la République pour qu'il ait à les apprécier.

Pour éviter, à l'avenir, que des faillis de mauvaise foi n'obtiennent de concordats et qu'ils n'échappent aux peines prononcées par la loi ; pour empêcher que des faillis malheureux et honnêtes ne soient privés d'un concordat par suite de haine ou de calculs de quelques créanciers, nous proposerons plus loin quelques modifications à la loi du 28 mai 1838.

Quant à présent, il faut accepter ce qui existe, c'est-à-dire :

Que tous les faillis concordataires ou non, et contre lesquels il n'y a pas de condamnations judiciaires qui les privent de leurs droits civiques et politiques, doivent en jouir ou les exercer aussitôt l'homologation des concordats et de la dissolution des contrats d'union, conformément à l'art. 537 de la susdite loi.

Qu'il ne doit y avoir que les faillis contre lesquels des jugements ou des arrêts ont prononcé des peines, qui doivent être privés de leurs droits civiques et politiques.

Et pourquoi en serait-il autrement?

Tout commerçant, négociant, industriel, le plus honnête, le plus intelligent, le plus prévoyant, peut être obligé de faillir : les inventions, les mécaniques, les productions de toute espèce, peuvent détruire les prévisions les mieux réfléchies de l'homme : peut-on lui faire un crime de ce qu'il lui était impossible de prévoir? Assurément non ! car s'il eût réussi, il aurait rendu des services à l'industrie; il lui aurait fait faire des progrès, ce dont toute la nation aurait profité.

La faillite est un mal inévitable : tant que l'on fera un commerce quelconque où il faudra faire usage du crédit, il y aura des faillites.

Si l'on ne travaillait qu'avec de l'argent, et que le crédit ne s'opérât point par la circulation du papier, et qu'il n'y eût point d'hommes hardis et intelligents, l'industrie d'une nation ne se développerait jamais. A l'armée, ne sont-ce pas les hommes les plus hardis et les plus intelligents qui arrivent, quand ils ne sont pas tués?

Ce qu'il faudrait faire, ce serait de rendre ces faillites moins ruineuses.

Pour atteindre ce but, il n'y a qu'un moyen, c'est celui de faire disparaître les sentiments de réprobation ou l'espèce d'infamie qui pèse sur le failli, et de ne le priver d'aucun droit de citoyen, et alors, aussitôt qu'il aura reconnu l'impossibilité de faire honneur à ses engagements, il s'empressera de soumettre sa position à ses créanciers, et s'il n'a aucun reproche à se faire, s'il est resté honnête, il faut qu'il ait la certitude, malgré le mauvais vouloir de quelques créanciers, d'obtenir un concordat du tribunal auquel il aura fait la déclaration de sa faillite.

De cet état de choses, il résulterait deux grands avantages : 1° celui qui se trouvera dans une position gênée, ne fera plus d'efforts et de sacrifices pour éviter une déclaration de faillite, qui n'est jamais évitée par des sacrifices et arrive toujours plus tard au grand détriment des créanciers, car ce sont eux qui paient ces sacrifices, lesquels diminuent d'autant l'actif de leur débiteur, et par conséquent les dividendes qu'il peut leur offrir;

2° Après avoir obtenu un concordat, le failli n'ayant rien perdu de sa considération d'honnête homme, jouissant toujours de tous ses droits de citoyen, et apte à remplir toutes les fonctions publiques et particulières, rien ne s'opposera à sa prospérité future et au rétablissement de sa fortune : ses créanciers et lui-même y trouveront leur compte. Si on veut qu'un débiteur se réhabilite, il ne faut pas lui ôter les moyens de réparer ses malheurs.

On objectera que la réprobation ou l'espèce d'infamie qu'on veut laisser peser sur un failli concordataire , est un stimulant à la réhabilitation ; mais combien de réhabilitations y a-t-il eu depuis quarante ans? Nous n'hésitons pas à affirmer qu'il n'y en a pas eu deux mille, c'est-à-dire une sur cent faillites. Nous avons sous les yeux le discours du président du Tribunal de commerce de la Seine prononcé au mois d'août 1847 au moment du renouvellement des juges dudit Tribunal, nous y voyons : que du 1er août 1846, au 1er août 1847, il y a eu onze cent cinquante-neuf faillites *et cinq réhabilitations* ; du 1er août 1847 au 21 décembre 1848, il y en a probablement moins encore, car M. le président a jugé à propos de ne pas en faire connaître le nombre.

Il est donc constant qu'il n'y a pas une réhabilitation sur cent faillites; ce qui ferait deux mille depuis quarante ans, *et nous pouvons affirmer* que sur ces deux mille , il n'y en a pas deux cents de réelles. Qui ne sait, en effet, comment les neuf dixièmes des réhabilitations se font ? On fait acheter en sous mains, par *des tiers*, ses créances moyennant 5 ou 10 pour 100, et on vient ensuite *prouver* à la justice que l'on a payé *capital, intérêts et frais*. Et encore, ces sortes de réhabilitations ne se font-elles le plus souvent, que dans les *vues* d'occuper une place publique très lucrative.

Au surplus, nous n'entendons rien changer au titre 3 de la loi du 28 mai 1838, qui traite de la réhabilitation, nous ne réclamons qu'une rectification à l'art. 613. Honneur soit rendu à celui qui, après avoir été obligé de faillir, se trouve postérieurement dans la position de payer *réellement* ses créanciers, capital , intérêts et frais , car il n'y aura plus de motifs de faire des réhabilitations *fictives*, puisque les faillis concordataires, d'après ce que nous demandons, ne seront plus privés de leurs droits de citoyen, et qu'ils jouiront principalement de tous ceux garantis par les art. 10, 25 et 26 de la Constitution.

Les réhabilitations n'en seront que plus honorables, parce qu'elles seront réelles : elles ne seront pas confondues, comme aujourd'hui, avec les neuf dixièmes *qui ne le sont pas*.

L'espèce d'infamie, les flétrissures, les exclusions, les incapacités, les incompatibilités, etc., que l'on veut faire peser comme un *épouvantail* sur le failli, n'ont empêché aucune faillite, ni amené aucune réhabilitation ; au contraire :

Le commerçant, le négociant, l'industriel, honnête et malheureux, une fois qu'il se trouvait dans le cas de ne pas payer tous ses engagements, n'a jamais *évité* la faillite ; seulement, à cause des motifs ci-dessus, il n'y arrivait qu'après mille sacrifices qui réduisaient souvent à zéro son actif.

Les mêmes motifs ont empêché plus d'une réhabilitation, en enlevant au débiteur les moyens de rétablir sa fortune. On veut qu'il se réhabilite et on commence par le déconsidérer, et par le discréditer ! *Bizarre encouragement !!*

Il n'y a donc aucune raison *pour priver* les faillis, sur lesquels il ne pèse aucune condamnation, de leurs droits de citoyens, surtout les faillis concordataires.

Les faillis, en général, ont acquis de l'expérience , et ne manquent pas de connaissances des hommes et des affaires, et s'ils sont appelés par leurs concitoyens à remplir telle ou telle place, c'est que, malgré leur faillite, ils seront jugés dignes de les remplir. Il n'y a aucun inconvénient à craindre pour tous les emplois et les places qui sont dus à l'élection ; au contraire lorsqu'un homme qui aura eu le malheur de faillir sera désigné par ses concitoyens, cela prouvera qu'il est doublement capable.

En ce qui concerne les emplois qui ne sont pas dus à l'élection, ou qui sont imposés à tous les citoyens, comme juré, garde national, etc., ce sont des charges que les faillis rempliront tout aussi bien que tout autre citoyen. Craint-on, par exemple, que si un failli est juré et appelé à juger un autre failli, il ne le fasse avec toute la liberté possible ? Le failli juré n'aurait d'abord aucune considération particulière pour le failli, qui est en jugement, et pour le juger, il n'en serait que plus apte à le faire, car il y a dans la vie des positions qu'il faut quelquefois avoir connues soi-même, pour bien les apprécier.

La justice ne pourrait donc qu'y gagner dans le cas dont il s'agit.

En Résumé.

Aucune loi ne prive les faillis de leurs droits civiques et politiques, s'il n'est intervenu de condamnations qui les en privent nominalement.

C'est contre l'intérêt des créanciers et celui des faillis concordataires, et même des faillis qui n'ont obtenu qu'un jugement d'excusabilité, de laisser peser sur eux des sentiments de réprobation ou de flétrissure.

Les citoyens qui se trouvent dans ces deux classes de faillis, doivent donc être aptes à remplir toutes les places et jouir de tous les droits garantis par la Constitution.

Aucune loi, aucune ordonnance, aucun arrêté, ne doit y porter atteinte, et surtout la loi électorale qui va être décrétée par l'Assemblée nationale, comme une des lois organiques.

Le débiteur qui a obtenu le bénéfice de cession de biens, n'est pas privé de ses droits de citoyen. Pourquoi voudrait-on être plus sévère envers le commerçant malheureux et honnête ? La position n'est-elle pas identique ? Evidemment oui. Il y a même quelque chose en faveur du failli, c'est que le plus souvent, il est entraîné malgré lui dans de mauvaises affaires. Au contraire, celui qui obtient le bénéfice de cession est le plus souvent le seul *auteur* de sa ruine, et des dettes qu'il contracte par suite de folles dépenses et même de débauche.

Le premier serait privé de tout ou partie de ses droits de citoyen.

Le second en jouirait et les exercerait comme avant sa demande de bénéfice de cession.

Ceci n'est ni admissible ni tolérable.

Deux cent mille citoyens sont intéressés à maintenir et défendre leurs droits.

Cela mérite toute l'attention et la sollicitude des représentants du Peuple.

MOTIFS

QUI NÉCESSITENT LA RÉVISION DE QUELQUES ARTICLES DE LA LOI DU 28 MAI 1838, SUR LES FAILLITES, EN CE QUI CONCERNE SEULEMENT CE QUI PEUT PORTER ATTEINTE AUX DROITS CIVIQUES ET POLITIQUES DES FAILLIS.

Il est de toute justice et d'ordre public de distinguer le failli honnête et malheureux, du failli criminel. Il ne suffit pas pour faire cette distinction, que le failli ait obtenu un concordat, ou qu'il ait été mis en union. Tout le monde sait que tel failli n'obtient un concordat que parce qu'il intrigue ou qu'il a devers lui des moyens d'acheter des voix ou de se rendre favorables des créanciers, à qui il fait des promesses que le plus souvent il n'a pas l'intention de tenir et qu'il ne tient réellement pas.

Que tel autre, qui est un débiteur honnête et malheureux, n'obtient pas de concordat, parce qu'il se trouve parmi ses créanciers des hommes haineux, vindicatifs, qui ne voient partout que des fripons dès qu'ils se trouvent créanciers d'un failli ; d'autres ont intérêt à empêcher un concordat dans la seule vue, souvent d'abattre une concurrence commerciale ou industrielle.

Enfin, les créanciers ne consultant que leur intérêt, accordent ou refusent un concordat suivant que cet intérêt est en jeu. Nous avons vu des créanciers qui ont consenti à des concordats en nous disant : nous savons bien que les faillis sont des fripons, mais ils nous offrent plus que nous n'aurons en union, et nous consentons à accorder un concordat.

Le concordat ne devrait pas dépendre du caprice des créanciers, de l'intrigue ou de la mauvaise foi des faillis.

Nous voudrions qu'il ne s'établît plus d'une manière définitive sur les majorités voulues par l'art. 507 de la loi du 28 mai 1838, et en laissant subsister cet article, nous voudrions qu'une *commission spéciale*, que l'on appellerait d'*honneur* ou de *justice*, fût établie dans chaque ville où il y a des tribunaux de commerce ou des tribunaux civils qui s'occupent des faillites. Ces commissions seraient composées dans chaque localité par des anciens membres des tribunaux de commerce, des prud'hommes, ou d'anciens négociants retirés des affaires, en nombre suffisant pour s'occuper de toutes les faillites. Les commissions seraient toujours composées d'au moins dix membres pour délibérer, et dans les villes comme Paris, il y aurait au moins soixante membres qui se subdiviseraient en six commissions, afin que le travail ne devînt pas trop pénible. Les membres de ces commissions seraient désignés par le tribunal de commerce, et tous les ans on pourrait en renouveler une partie.

Aussitôt la déclaration d'une faillite, le tribunal de commerce ferait envoyer à ces commissions tous les documents nécessaires, afin qu'elles puissent prendre tous les renseignements possibles sur le failli, soit sur sa moralité, soit sur sa conduite dans les affaires, et que le tribunal de commerce ne puisse jamais homologuer un concordat sans l'avis favorable de cette commission, laquelle aurait le droit de proposer même l'homologation du concordat présenté par le failli, lors même qu'il ne réunirait pas les majorités voulues par l'art. 507.

De cette manière, tous les intérêts seraient sauvegardés :

Ceux de la société et de la morale, en refusant

l'homologation d'un acte que la commission jugerait à propos de ne pas homologuer ;

Ceux des faillis, en homologuant un concordat, que des créanciers, soit par haine ou tous autres motifs, n'auraient pas voulu accorder et que la commission reconnaîtrait contenir des conditions justes et possibles.

La commission pourrait ne proposer que des excusabilités, et, dans ce cas, l'exécution de cette proposition n'aurait pas besoin d'être différée jusqu'au moment prévu par l'art. 537.

Toutes les faillites, sur lesquelles la commission n'aurait pas proposé d'excusabilité et sur lesquelles il n'aurait pas encore été fait d'instruction judiciaire, seraient signalées à M. le procureur de la République, en lui envoyant les motifs de non-excusabilité. Ce magistrat devra, dans le mois de l'envoi de ces motifs, ordonner une instruction contre le failli.

Attendu qu'il ne peut y avoir de faillis privés de leurs droits de citoyen, que ceux qui en seront dépossédés légalement: ceux mêmes qui n'auront pas été rendus excusables sur la proposition de la commission dont il vient d'être parlé, ne pourront en être privés que par suite des condamnations qui pourront être prononcées contre eux (1).

Par tous ces motifs nous proposons à l'Assemblée nationale de faire une loi ainsi conçue :

ARTICLE PREMIER.

Il sera créé auprès de chaque Tribunal de commerce, ou de tout tribunal civil où il sera fait des déclarations de faillites, des commissions de justice, composées au moins de dix membres. Dans les villes où il y a beaucoup de faillites, il sera créé autant de subdivisions de commissions, que le Tribunal de chaque localité jugera nécessaires, pour rendre le travail de ces commissions facile et peu fatigant.

ART. 2.

Les membres qui composeront les susdites Commissions seront désignés par les Tribunaux

---

(1) Le 16 juin 1848, il a été adressé à l'Assemblée nationale, une notice sur les faillites, faite par M. Jules Labeunie, négociant. Elle renferme d'excellentes observations, — Messieurs les représentants du Peuple doivent la connaître, nous les engageons à la consulter de nouveau. Cette notice appuie nos propres observations.

où les faillites seront ouvertes et pris parmi les
anciens juges consulaires, les prud'hommes,
ou parmi les commerçants ne faisant plus
de commerce. Ils seront renouvelés par partie
tous les ans, et dans la proportion des juges
qui sont également renouvelés tous les ans.

Les fonctions des membres des commissions seront gratuites et simplement honori-
fiques.

ART. 3.

Les commissions de justice sont chargées,
aussitôt qu'il y aura une faillite dans le ressort
où elles sont instituées, de se renseigner sur la
moralité du failli, sur son genre d'affaires et sur
sa conduite commerciale. Les syndics de ces
mêmes faillites devront donner tous les documents qui seront demandés par ces commissions.

ART. 4.

Le but unique de ces commissions, c'est de
déterminer, s'il y a lieu d'accorder ou de refuser
le concordat à tout failli ; d'accorder ou de re-

fuser l'excusabilité déterminée par l'art. 537 de la loi du 28 mai 1838.

A l'avenir les Tribunaux de commerce ou civils, ne pourront plus homologuer de concordats ou prononcer des excusabilités que conformément aux avis des commissions de justice créées par la présente loi.

Les commissions pourront proposer l'homologation de tous concordats, quoique ne réunissant pas les majorités voulues par l'art. 507 de la susdite loi.

Les commissions composées de dix membres au moins prendront leurs délibérations à la majorité; le plus âgé en sera le Président et en cas de partage sa voix comptera pour deux.

Les jugements d'homologation rendus sur les avis des commissions, seront rendus en dernier ressort.

ART. 5.

Si les commissions n'accordent pas d'excusabilité, elles en donneront avis motivé au procureur de la République du ressort du Tribunal où sera ouverte la faillite. Ce magistrat sera tenu, dans le mois de cet avis, de faire faire une instruction contre le failli. S'il est rendu une ordonnance de non lieu il s'y conformera; si au contraire il y a lieu à poursuivre, le failli sera renvoyé par devant les Tribunaux correctionnels ou les cours d'assises, suivant la gravité des faits qui lui seraient imputés.

Art. 6.

Les faillis qui auront obtenu un concordat ou qui auront été déclarés excusables, et contre lesquels il n'aura pas été rendu des jugements ou des arrêts qui les privent de leurs droits civiques et politiques, jouiront de tous ces droits, conformément à la Constitution de la République et seront déclarés aptes à occuper toutes les places et tous les emplois : désormais la qualification de failli n'emportera plus de flétrissure ni de réprobation; elle ne sera plus qu'un mot indiquant que l'on a été malheureux, ce qui peut arriver à tous les commerçants qui ne travaillent pas seulement avec leurs propres capitaux; mais par contre, que tous les fripons soient déclarés banqueroutiers frauduleux et punis sévèrement.

Art. 7.

L'art. 613 de la loi du 28 mai 1838 est modifié ainsi qu'il suit : tout failli qui aura perdu ses droits civiques et politiques par suite de condamnation, ne pourra se présenter à la Bourse.

Art. 8.

Il n'est rien changé à la loi du 28 mai 1838 sur les faillites et banqueroutes, excepté les dérogations portées en la présente loi.

Impr, de Mme de Lacombe, rue d'Enghien, 14.